À LA DÉCOUVERTE DU CANADA

La Nouvelle-France

ROBERT LIVESEY ET A.G. SMITH

Traduit de l'anglais par Madeleine Hébert

PLAINES

Les Éditions des Plaines
Case postale 123
Saint-Boniface (Manitoba)
R2H 3B4

D0898851

MANITOBA
ARTS COUNCIL

CONSEIL
DES ARTS
DU MANITOBA

Le Conseil des Arts | The Canada Council
du Canada | for the Arts

Les Éditions des Plaines reçoivent
pour leur programme de publication
l'aide du Programme de subventions globales
du Conseil des Arts du Canada et du Conseil
des Arts du Manitoba et l'aide financière du gouvernement
du Canada par l'entremise du Programme d'aide au
développement de l'industrie de l'Édition (PADIÉ).

Données de catalogage avant publication (Canada)

Livesey, Robert, 1940-

    La Nouvelle-France

    (À la découverte du Canada)
    Traduction de : New France.
    ISBN 2-921353-47-4

1. Canada – Histoire – Jusqu'à 1763 (Nouvelle-France) –
Ouvrages pour la jeunesse. 2. Canada – Moeurs et coutumes –
Jusqu'à 1763 - Ouvrages pour la jeunesse. I. Smith, A. G. (Albert Gray), 1945-
II. Titre. III. Collection : Livesey, Robert, 1940-
À la découverte du Canada.

FC305.L5714 1996   j971.01   C96-920164-8
F1030.L5714   1996

Copyright : © 1989 Robert Livesey et A.G. Smith
Publié par Stoddart Publishing Co. Limited

Première édition française
Les Éditions Héritage inc. 1993
Tous droits réservés

Dépot légal: 1er trimestre 2001, Bibliothèque nationale du Canada
Les Éditions des Plaines

À Betty et Edna, avec tendresse

Les auteurs remercient soeur Jean Livesey, soeur Teresa Burgess, Beverley Sotolov-Anderson, Darlene Money, les bibliothécaires de la bibliothèque publique d'Oakville, de la bibliothèque du Collège Sheridan et de la bibliothèque de l'Université de Windsor pour leur aide dans la production de ce livre.

Table des matières

Introduction

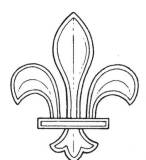

Les femmes et les hommes courageux qui, les premiers, sont venus d'Europe pour s'établir au Canada sont des héroïnes et des héros audacieux; le récit de leur vie foisonne d'accomplissements hors du commun, d'ennemis coriaces, de tragédies terribles et de conquêtes glorieuses.

Le premier livre de cette collection, *Les Vikings*, raconte l'échec du premier établissement européen au Canada en l'an 1000. Après la redécouverte du Nouveau Monde par Christophe Colomb en 1492, on commence à exporter l'or et les richesses de l'Amérique du Sud et de l'Amérique centrale en Espagne. Cela incite les dirigeants des autres pays à entreprendre également l'exploration de l'Amérique.

En 1497, le roi Henri VIII finance l'expédition en Amérique du capitaine vénitien Giovanni Caboto (Jean Cabot) pour permettre à l'Angleterre d'affirmer ses droits sur ce continent. Cabot débarque à Terre-Neuve, riche en poisson plutôt qu'en or. On y établit rapidement des ports de pêche anglais, avec entrepôts et claies pour faire sécher le poisson, le long des côtes terre-neuviennes. On s'organise aussi pour réparer et approvisionner les navires sur place.

En 1534, le roi François Ier décide lui aussi d'établir un avant-poste français et engage un capitaine breton, Jacques Cartier, qui explore les côtes de Terre-Neuve, de l'île du Prince-Édouard et de la péninsule gaspésienne. Cartier rapporte que les Amérindiens désirent ardemment faire la traite des fourrures:

1

Ils ont échangé tout ce qu'ils possèdent à tel point qu'ils sont tous repartis complètement nus; ils nous ont fait comprendre par signes qu'ils reviendraient le lendemain avec d'autres fourrures.

Jacques Cartier revient au Canada en 1535 et remonte le fleuve Saint-Laurent jusqu'au village iroquois de Stadaconé (l'actuelle ville de Québec) où le chef amérindien Donnacona accueille les visiteurs. Le capitaine français poursuit ensuite son voyage jusqu'à un autre village amérindien, Hochelaga (l'actuelle ville de Montréal), où les Français sont très bien reçus:

La majorité des habitants sont venus à notre rencontre pour nous souhaiter la bienvenue... les filles et les femmes du village nous entouraient et nous passaient la main sur le visage... en pleurant de joie.

Jacques Cartier retourne ensuite à Stadaconé où il passe un hiver difficile au port (de novembre 1535 à avril 1536). La plupart de ses 110 matelots sont malades du scorbut — 10 seulement sont épargnés — et 25 en meurent.

Leurs jambes, aux muscles émaciés et noirs comme du charbon, deviennent enflées et irritées... puis la maladie atteint les hanches, les épaules, les bras et le cou... tous les malades ont la bouche si infectée que leurs gencives pourrissent jusqu'à la racine des dents qui tombent presque toutes.

En 1541, le roi nomme le sieur de Roberval lieutenant général de Nouvelle-France et lui ordonne d'établir une colonie française avec 10 navires, 400 matelots, 300 soldats, des artisans et quelques femmes. On recrute Jacques Cartier comme navigateur dè l'expédition. Cependant, devant le retard des navires du sieur de Roberval, l'impatient explorateur part sans lui.

Sur les bords du Saint-Laurent, Cartier découvre de l'or et des diamants, en charge ses bateaux et met le cap sur la France. Durant le voyage de retour, il rencontre les Roberval: celui lui ordonne de rester avec lui pour établir une colonie à Cap-Rouge; à la faveur de la nuit, le désobéissant navigateur s'échappe pour rentrer au pays avec sa précieuse cargaison.

La colonie de Roberval ne survit qu'une année. Quant au soi-disant trésor de Cartier, son «or» n'est que de la pyrite de fer et ses «diamants», du vulgaire quartz. Cette erreur du navigateur breton donne naissance à l'expression «diamant du Canada» pour désigner une chose sans valeur.

Des enfants en cadeau

Une coutume amérindienne voulait que, pour sceller une amitié, on présente ses enfants en cadeau. Le chef Donnacona donne à Cartier trois de ses enfants: une fille de dix ans et deux garçons plus jeunes. Un autre chef lui offre aussi un de ses enfants quand l'explorateur remonte le Saint-Laurent jusqu'au Richelieu.

Mocassins amérindiens rapportés en France par Jacques Cartier.

Le nom de «Canada»

Lors de sa rencontre avec le chef iroquois Donnacona dans la bourgade de Sta-daconé, Cartier l'appelle «le seigneur du Canada». Il croit que «Canada» est le nom du pays alors qu'en fait, dans la langue amérindienne, cela veut plutôt dire «village».

Un traitement-miracle

Lorsque l'équipage de Cartier est atteint du scorbut, les Amérindiens leur pré-parent un médicament pour les soigner. Ils font bouillir des rameaux de conifè-res dans l'eau: les malades boivent cette infusion puis frottent leurs plaies avec les résidus. Même les hommes qui souffrent du scorbut depuis huit ans sont guéris immédiatement. Les rameaux utilisés provenaient, croit-on, du cèdre blanc; la formule magique du traitement est tout simplement de la vitamine C.

L'enlèvement d'un chef

À la veille de son retour en France en 1536, Jacques Cartier invite le chef Donnacona à lui rendre visite. Le capitaine français en profite pour enlever le chef et quatre de ses guerriers. Le lendemain, la tribu rassemble toute sa richesse, c'est-à-dire 24 ceintures de wampoum, avec laquelle elle offre de racheter la liberté de son chef. Cartier refuse, mais leur promet de revenir l'année suivante avec ses prisonniers après les avoir montrés au roi de France. Les Amérindiens meurent tous en France, probablement de la variole. Lorsque Cartier revient cinq ans plus tard, il ment aux Amérindiens en prétendant que leurs compatriotes vivent comme de «grands seigneurs» en France. Les Iroquois ne le croient pas et deviennent les ennemis jurés des Français.

Les amoureux abandonnés

Lorsque le lieutenant général Roberval part en 1541 fonder une colonie à Cap-Rouge, sa jeune nièce, Marguerite de la Roche, l'accompagne. Pendant le voyage, elle devient amoureuse d'un jeune homme, mais son oncle lui interdit de le fréquenter. Grâce à la complicité de Damienne, la vieille servante de Marguerite, les deux jeunes continuent à se voir. Lorsque Roberval, furieux, découvre la vérité, il les abandonne tous les trois sur une île déserte en ne leur laissant que des fusils et des munitions.

L'hiver suivant, la nourriture s'épuise; le jeune homme meurt et Marguerite donne naissance à un enfant. Elle devient une habile chasseuse et tue même un ours polaire. Malheureusement, son bébé meurt ainsi que sa servante dévouée. Elle les enterre près de son amant et réussit à survivre seule à un autre rigoureux hiver canadien avant d'être finalement recueillie, au bout de deux ans et cinq mois, par un bateau de pêche français.

1

Le père de la Nouvelle-France

Samuel de Champlain

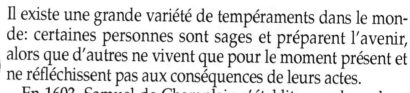

Il existe une grande variété de tempéraments dans le monde: certaines personnes sont sages et préparent l'avenir, alors que d'autres ne vivent que pour le moment présent et ne réfléchissent pas aux conséquences de leurs actes.

En 1603, Samuel de Champlain s'établit avec des colons à Tadoussac, au confluent de la rivière Saguenay et du fleuve Saint-Laurent. Seuls cinq des seize colons survivent à la première année; cela ne décourage pas Champlain toutefois, car il a un grand rêve pour l'avenir: coloniser la Nouvelle-France, convertir les indigènes au christianisme, développer la traite des fourrures et explorer ce nouveau pays.

L'année suivante, en 1604, Champlain se joint à l'expédition du sieur de Monts pour fonder une nouvelle colonie sur une île de la rivière Sainte-Croix. Malheureusement, 35 des 79 colons y meurent du froid et de la maladie, et 20 autres sont dans un état précaire. En 1605, les survivants se réfugient à Port-Royal où Champlain et 40 de ses compagnons demeurent un autre hiver.

L'histoire de la Nouvelle-France débute vraiment lorsque Champlain établit avec M. de Monts un poste de traite des fourrures en 1608 à l'endroit où se trouve maintenant la ville de Québec. Le colonisateur y construit sa célèbre Habitation de Québec, un agglomérat de bâtisses en bois fortifié d'une palissade de rondins. Il retourne ensuite en France, laissant à Québec 22 hommes pour affronter le redoutable hiver canadien. Huit d'entre eux seulement survivent, dont Étienne Brûlé, un garçon de 15 ans vigoureux et aventureux, doté d'une

personnalité à l'opposé de celle de Champlain. Ce dernier est reconnu comme le «père de la Nouvelle-France»; Brûlé, quant à lui, représente plutôt le «jeune délinquant» de la jeune colonie.

Après deux hivers longs et ennuyeux passés dans l'Habitation, il supplie Champlain de lui permettre de vivre avec les Amérindiens. Champlain accepte et échange le jeune Français contre un guerrier huron du même âge, puis retourne à Paris pour exhiber son «trophée humain». Brûlé devient le premier coureur de bois, apprenant à parler plusieurs langues amérindiennes et adoptant la vie libre mais difficile des indigènes.

Brûlé n'a pas tenu de journal de ses activités; les seuls documents qui relatent ses exploits sont de la plume des prêtres qui dénoncent son mode de vie et ses mariages sacrilèges avec des Amérindiennes. Champlain note ceci à son sujet:

C'est un homme reconnu comme ayant beaucoup de vices et une grande passion pour les femmes.

Étienne Brûlé est le premier Blanc à remonter la rivière des Outaouais, à portager jusqu'à la baie Géorgienne et à explorer chacun des cinq Grands Lacs. Il emprunte les pistes amérindiennes le long du lac Ontario jusqu'aux chutes du Niagara, mais lorsqu'il fait le récit de ses exploits à son retour, la plupart des gens ne le croient pas.

Champlain emploie Brûlé comme guide et interprète lorsqu'il dresse les premières cartes géographiques de la rivière des Outaouais et de la baie Géorgienne. Le gouverneur accepte aussi d'aider les amis hurons du coureur de bois dans leur guerre contre une tribu rivale, les Andastes. Il place son jeune compatriote à la tête d'un groupe de 200 éclaireurs hurons et leur ordonne de le rencontrer avec le gros des forces huronnes devant le village des Andastes. Brûlé et sa troupe arrivent en retard au rendez-vous et Champlain subit la défaite. Le gouverneur retourne à Québec, furieux contre Brûlé.

En 1629, les deux hommes deviennent des ennemis jurés; durant un conflit entre les Français et les Anglais, Champlain ordonne à Brûlé de se rendre à Tadoussac pour piloter un navire français jusqu'à Québec. En route, le coureur de bois et ses compagnons rencontrent la flotte anglaise des frères Kirke, décident plutôt de se joindre à eux et les aident à remonter le fleuve jusqu'à Québec où les Anglais s'emparent de la ville et capturent Champlain.

Après la guerre, l'Angleterre rend la Nouvelle-France aux Français et Champlain y retourne comme gouverneur en 1633. Il meurt à Québec en 1635.

Une mort mystérieuse

La mort d'Étienne Brûlé est l'un des événements les plus étranges de l'histoire de la Nouvelle-France. La tribu de l'Ours, avec laquelle il vit depuis plusieurs années, le torture et le met à mort en 1633. Ensuite, les coupables s'enfuient, rongés de remords et terrifiés par les représailles que pourrait leur faire subir le fantôme de leur victime.

L'Ordre de Bon-Temps

Durant l'hiver de 1605, le seigneur de Port-Royal, M. de Poutrincourt, crée une institution originale, l'Ordre de Bon-Temps, dont chaque membre doit à tour de rôle offrir un festin aux autres avec le plus grand éclat possible.

Quand le cuisinier a fini de tout préparer... l'hôte de festin entre avec une serviette sur l'épaule et le ruban de l'Ordre autour du cou... suivi de tous les membres de l'Ordre, chacun portant un plat.

Gouverneurs de la Nouvelle-France

Samuel de Champlain	1612-1629
	1633-1635
Charles Jacques de Huault de Montmagny	1636-1648
Louis de Coulonge d'Ailleboust	1648-1651
Jean de Lauzon	1651-1656
Pierre de Voyer, vicomte d'Argenson	1658-1661
Pierre Dubois, baron d'Avaugour	1661-1663
Augustin de Saffray Mézy	1663-1665
Daniel de Rémy, sieur de Courcelle	1665-1672
Louis de Buade, comte de Frontenac	1672-1682
Joseph-Antoine Lefèvre de la Barre	1682-1685
Jacques René de Brisay, marquis de Denonville	1685-1689
Louis de Buade, comte de Frontenac	1689-1698
Louis Hector de Callières	1699-1703
Philippe de Rigaud, marquis de Vaudreuil	1703-1725
Charles, marquis de Beauharnois	1726-1747
Roland Michel Barin, comte de La Jonquière	1749-1752
Ange Duquesne, marquis de Menneville	1752-1755
Pierre de Rigaud, marquis de Vaudreuil-Cavagnal	1755-1760

Une jeune mariée

Au XVIIe siècle, la coutume veut que les filles se marient très jeunes, non seulement dans les villages amérindiens et dans les premières colonies, mais aussi à la cour royale de France. Durant l'hiver de 1610-1611, Champlain, âgé de 43 ans, se fiance avec la fille du secrétaire du roi, Hélène Boullé, qui n'a que 12 ans.

Les premiers coups de feu

En juillet 1609, Champlain accepte d'aider ses alliés hurons à combattre leurs ennemis iroquois. Le chef français et deux de ses hommes revêtent leur cuirasse et leur casque, et s'arment d'une arquebuse. Les Hurons, parés de leur peinture de guerre, les amènent dans une région correspondant aux actuels États du Vermont et de New York jusqu'à un village iroquois. Deux cents Iroquois, qui n'ont jamais vu d'armes à feu, attaquent les intrus.

Je vise avec mon arquebuse et fais feu en direction de l'un de leurs trois chefs; mon premier coup de feu en tue deux et blesse le troisième qui succombera plus tard... en voyant leurs chefs morts, les Indiens perdent leur courage et s'enfuient en abandonnant le champ de bataille et leur fort pour se réfugier au coeur de la forêt.

La Compagnie des Cent Associés

En 1627, le cardinal de Richelieu procède à la réorganisation de la colonie. Il fonde une nouvelle compagnie à qui il cède le monopole de la traite des fourrures en Nouvelle-France. En échange, la compagnie doit financer la colonie et y envoyer 4000 colons durant les 15 années suivantes. Pour couper court aux querelles divisant les catholiques et les huguenots (de religion calviniste) en France, le cardinal défend à ces derniers d'émigrer en Nouvelle-France.

Le premier esclave du Canada

Lorsque les frères Kirke s'emparent de Québec en 1629, il y a sur un de leurs navires un jeune Noir qu'il ont acheté à Madagascar. Même si les indigènes du Canada réduisent parfois à l'esclavage leur ennemis, cet esclave est le premier à venir de l'étranger. David Kirke vend le garçon au greffier de la ville, Louis Le Bailly. Durant les 125 années suivantes, plus de 4000 esclaves arrivent en Nouvelle-France dont environ 1200 Noirs des Antilles. La plupart sont très jeunes et meurent en moyenne à l'âge de 17 ou 18 ans.

Des colons bien nourris

Dans les années 1604 et 1605, les colons de Port-Royal utilisent des fours de briques pour cuire leur pain de blé entier. Leur régime alimentaire comprend les produits de leurs pêches (moules, crabes, esturgeons et homards) et de leurs récoltes (maïs, courges, haricots, choux). Ils mangent également des mets recherchés comme la viande d'orignal et la queue de castor.

La navigation maritime (l'astrolabe)

Les premiers marins et explorateurs se guidaient sur le soleil, les étoiles et l'horizon pour «deviner» leur position et leur parcours. L'astrolabe constitue une amélioration par rapport au cadran solaire et on l'utilise pour déterminer la latitude d'un navire. En 1624, les marins se servent aussi de l'équerre d'arpenteur, du quadrant, du compas de proportion et du globe pour connaître leur position. Au milieu du XVIIe siècle, on invente le sextant qui contribue à faire de la navigation une science.

• À RÉALISER TOI-MÊME •

La fabrication d'un astrolabe

Il te faut:
des ciseaux
un couteau «x-acto»
de la colle blanche
du carton fort
un crayon feutre jaune
un perforateur
une attache parisienne
de la ficelle

Platine de l'astrolabe

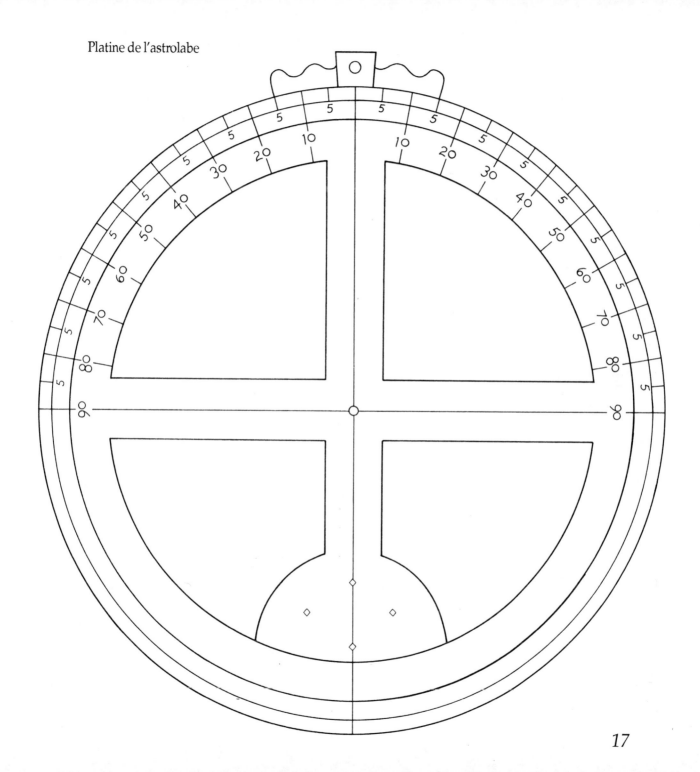

17

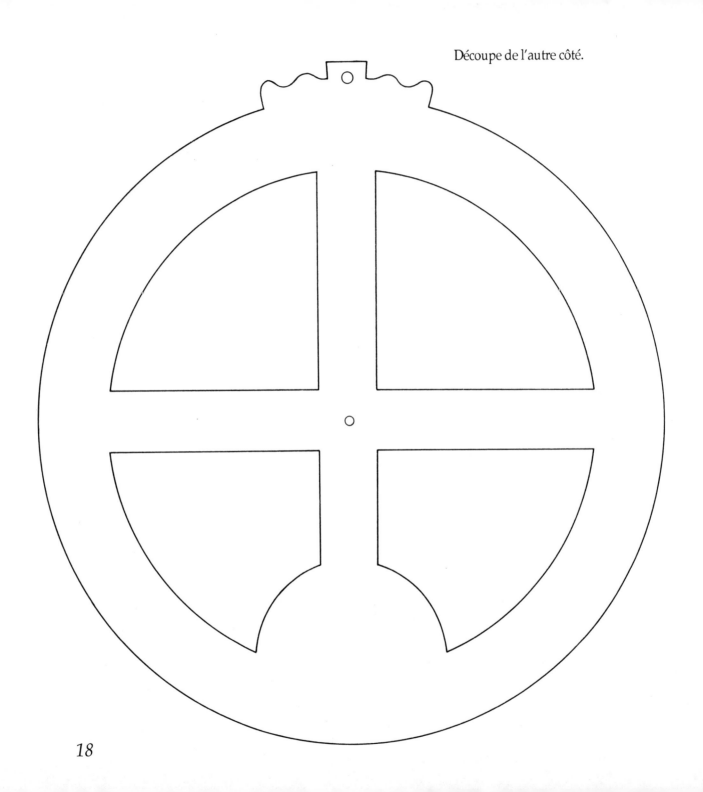

Découpe de l'autre côté.

18

Marche à suivre:

1. Colle la platine et l'aiguille de mire de l'astrolabe sur un carton fort. La colle doit être appliquée en couche mince pour éviter les boursouflures.

2. Découpe la platine et l'aiguille de mire.

3. Découpe les viseurs et colle chacun dos à dos en les repliant (voir fig. 1). Lorsqu'ils sont secs, perce le trou des viseurs avec le perforateur.

4. Colorie les différentes parties en jaune pour donner l'apparence du bronze (sauf les languettes et les points de l'aiguille de mire où elles seront collées).

5. Colle les languettes sur l'aiguille de mire (voir fig. 2).

6. Joins l'aiguille de mire à la platine avec une attache parisienne.

7. Enfile une ficelle de 40 cm de long dans le trou au sommet de l'astrolabe.

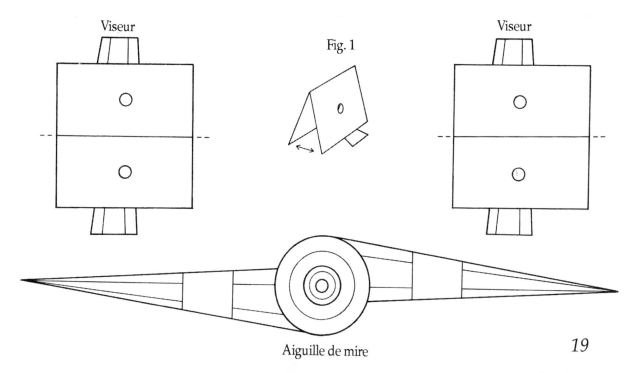

Viseur

Fig. 1

Viseur

Aiguille de mire

19

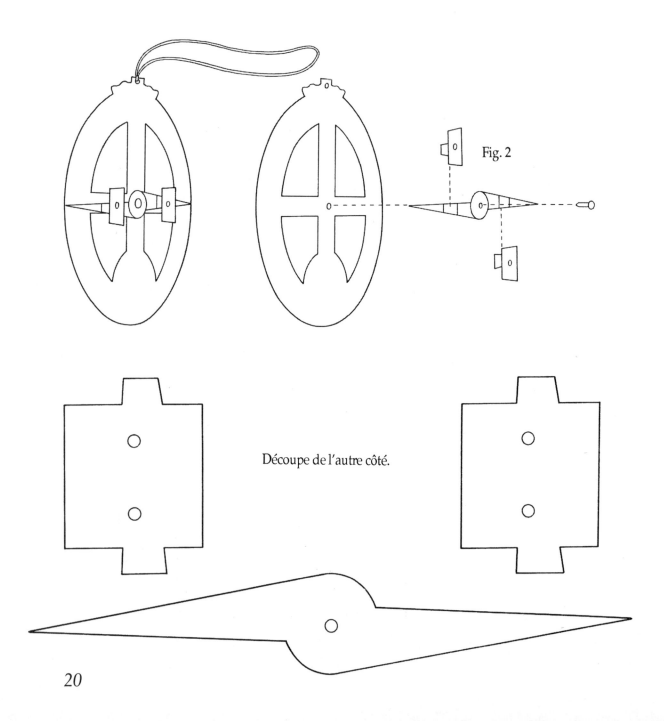

Fig. 2

Découpe de l'autre côté.

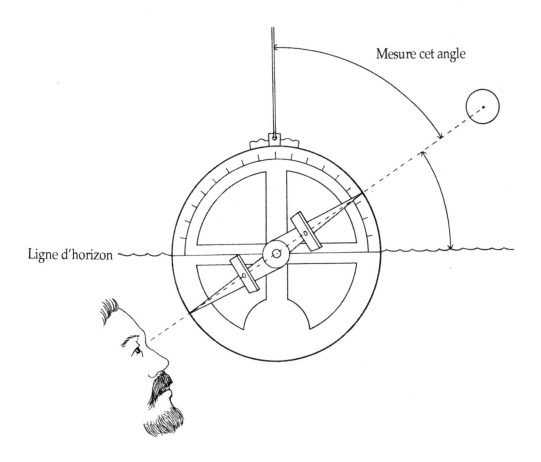

Mesure cet angle

Ligne d'horizon

Mode d'utilisation:

1. Suspends l'astrolabe pour que la ligne du centre de la platine soit au niveau de la ligne d'horizon.

2. Regarde un corps céleste (une étoile ou le soleil) à travers les viseurs, puis mesure l'angle et soustrais-le de 90 degrés. Si tu vises l'étoile polaire, l'angle sera aussi ta latitude approximative.

ATTENTION: si tu regardes le soleil, ne le fixe que pour un court moment.

CHAPITRE 2 — *La bataille pour l'Acadie*

Françoise de La Tour

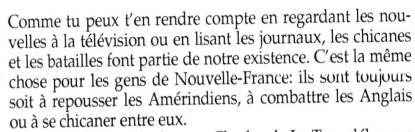

Comme tu peux t'en rendre compte en regardant les nouvelles à la télévision ou en lisant les journaux, les chicanes et les batailles font partie de notre existence. C'est la même chose pour les gens de Nouvelle-France: ils sont toujours soit à repousser les Amérindiens, à combattre les Anglais ou à se chicaner entre eux.

En 1610, à l'âge de dix ans, Charles de La Tour débarque en Nouvelle-France avec son père; en 1640, il devient lieutenant-gouverneur d'Acadie. Son épouse Françoise, nouvellement arrivée de France, n'est pas catholique comme les autres Français, mais huguenotte, c'est-à-dire de religion calviniste. Dans une lettre à sa famille, elle écrit:

L'été est magnifique ici. Mon Charles dit que la mer modère la rigueur des hivers et pour nous garder au chaud, nous avons du bois en quantité, d'énormes foyers et beaucoup d'amour.

Françoise est non seulement la femme de Charles de La Tour, mais aussi sa partenaire en affaires, en politique et en temps de guerre. Lorsque le lieutenant-gouverneur part à la recherche de fourrures, c'est son épouse qui commande le fort, tout en prenant soin de son fils nouveau-né.

À Fort La Tour (situé dans le Nouveau-Brunswick actuel) où habite le jeune couple, la vie est très mouvementée. De l'autre côté de la baie de Fundy, à Port-Royal (située dans la Nouvelle-Écosse actuelle), se trouve leur ennemi mortel, le sieur de Charnisay, un autre lieutenant-gouverneur d'Acadie. Les deux familles sont en conflit au sujet de terres reçues en concession: la demeure de chacune se trouve au milieu d'un territoire réclamé par l'autre.

Charnisay est un parent du cardinal de Richelieu, un des personnages les plus puissants de France. Celui-ci émet un décret qui accuse Charles de La Tour de trahison; la cour ordonne de l'arrêter et de saisir son fort et tout son contenu. À cette époque, une personne qui a de puissants ennemis est souvent emprisonnée sans aucun procès à la Bastille, l'infâme prison française.

En 1643, Charnisay bloque le port de Fort La Tour avec six navires et une armée de 500 hommes. Après un siège d'un mois, un autre bateau, le *Saint-Clément*, mouille dans le port. Il est envoyé par les calvinistes de France pour secourir la famille La Tour. Par une nuit de brouillard, Françoise et Charles de La Tour réussissent à passer au travers du blocus dans une petite embarcation et à s'enfuir sur le *Saint-Clément* à Boston où le gouverneur anglais leur donne des hommes et des navires. Ils reviennent ensuite en Acadie et, à la suite d'une bataille maritime éclair, chassent Charnisay à Port-Royal.

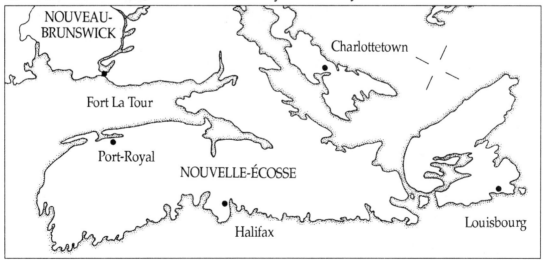

Carte de l'Acadie

Françoise retourne alors en France pour obtenir de l'aide supplémentaire de ses alliés huguenots, mais les amis de Charnisay la font condamner à mort. La courageuse femme s'enfuit alors en Angleterre et revient en Acadie sur le *Gilly-flower*. Charnisay intercepte le navire, y monte et le fait fouiller, mais ne réussit pas à trouver Françoise, cachée dans la cale. À Boston, elle obtient trois navires et du ravitaillement et retourne hardiment à Fort La Tour en 1644.

Au mois de février suivant, alors que Charles de La Tour est parti faire la traite des fourrures, deux moines catholiques rapportent à Charnisay que Fort La Tour n'a qu'une garnison de 45 hommes. Les forces de Port-Royal attaquent immédiatement le fort, mais Françoise de La Tour et sa garnison repoussent les attaquants à l'issue d'une bataille sanglante. Quelques semaines plus tard, Charnisay revient avec des renforts et ordonne la capitulation de Fort La Tour. Françoise revêt sa cuirasse et son casque, et fait hisser le drapeau rouge du combat.

Pendant que les troupes de Charnisay débarquent et attaquent par vagues, d'énormes boulets de canon pilonnent les murs du fort faisant face à la mer. Les assiégés, commandés par Françoise, utilisent des pics et des hallebardes pour empêcher leurs ennemis d'escalader les murs. Les défenseurs sont cinq fois moins nombreux que les attaquants, mais ils résistent pendant quatre jours. Le matin de Pâques, alors que les assiégés prient dans la chapelle, un garde secrètement à la solde de Charnisay fait entrer les hommes de celui-ci dans le fort. Alertée à temps, Françoise contre-attaque à la tête d'une petite bande et force ses ennemis à se retirer.

La courageuse femme se rend compte cependant que la situation est désespérée et que la défaite est inévitable. Lorsque le fourbe Charnisay lui fait une offre de capitulation, elle accepte à condition qu'il n'exerce pas de représailles. Son opposant accepte, mais dès qu'il a pris possession du fort, il ordonne de faire pendre la garnison. Une corde autour du cou, la jeune femme assiste à l'exécution de ses fidèles compagnons. On n'exécute pas Françoise sur-le-champ, mais elle mourra mystérieusement en captivité trois semaines plus tard.

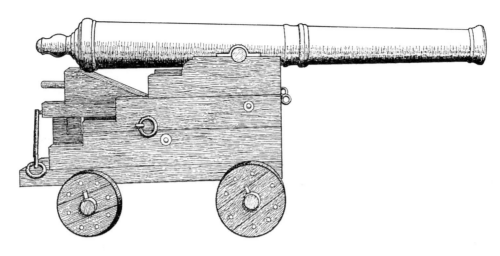

La mort de Charnisay

Quelques années après la mort de Françoise de La Tour, Charnisay se noie dans une rivière près de Port-Royal. Un Amérindien, que Charnisay a battu, sauve le serviteur de celui-ci, mais laisse mourir son maître cruel.

Un mariage étrange

En 1653, Charles de La Tour épouse la veuve de Charnisay, Jeanne. Le mariage sert de véritable traité de paix qui permet à La Tour de devenir gouverneur d'Acadie.

La chute de Port-Royal

En 1710, une armée anglaise de 1900 hommes s'empare de Port-Royal et prend possession de toute l'Acadie. Les Anglais renomment Port-Royal «Annapolis Royal» et baptisent la colonie du nom de «Nouvelle-Écosse».

Le régime seigneurial

On appelle des «seigneurs» les riches nobles qui achètent de grands domaines terriens ressemblant à de petits royaumes privés. Le seigneur ne travaille pas la terre lui-même; il la divise en rotures qu'il vend à des habitants, ou censitaires, en échange d'une partie de leurs récoltes et de quelques jours de travail par année sur ses propres terres. L'habitant n'est pas un laboureur, mais plutôt un propriétaire terrien qui peut acheter ou vendre sa propriété.

Les terres concédées donnent toutes accès au fleuve pour la pêche et le transport. Quand les habitants divisent par la suite leur terre pour leurs enfants, les fermes deviennent des bandes étroites le long du rivage du fleuve.

Au départ, l'île de Montréal est une seigneurie. Certains domaines concédés s'étendent du fleuve Saint-Laurent jusqu'à la côte de l'Atlantique. Une des seigneuries possède même 280 km de terrain en bordure du fleuve.

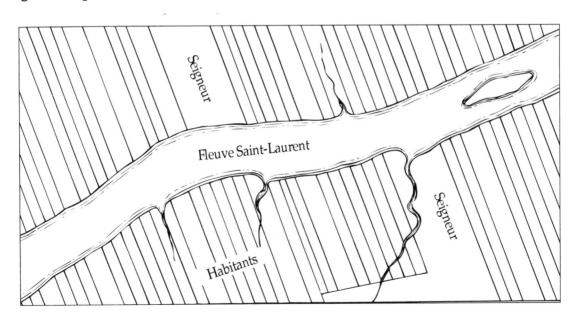

La mode en Nouvelle-France

Marche à suivre:

1. Photocopie les personnages des pages 28 à 31.
2. En te servant des descriptions ci-dessous comme guide, colorie les costumes. Utilise un crayon de couleur chair pour le corps et le visage.

Pierre: son habillement est celui d'un gouverneur. Son chapeau et ses bottes gris foncé sont bordés de gris clair. Son collet et le rebord de ses bas de soie sont en dentelle blanche. Sa casaque (manteau) bleu foncé est décorée de boutons et de galons argent. Son bras, à l'intérieur de la casaque, tient à la main un gant blanc.

Marie: sa robe élégante est celle d'une jeune dame de la Nouvelle-France. Sa jupe extérieure est de couleur magenta et contraste avec son fond de robe jaune vif qui est brodé de rayures rouges et dorées. Ses manchettes blanches à double revers rehaussent son large collet en corolle et elle se sert d'un joli éventail doré.

François: son costume en est un de marchand-voyageur. Il porte une cape vert foncé avec une doublure et des galons dorés. Ses manchettes et son collet blancs rehaussent son pourpoint et sa culotte bouffante bourgogne. Il tient un chapeau de cavalier à large rebord en castor noir. Le blanc crème de ses jambières est rehaussé par le jaune moutarde de ses jarretières et des boucles de ses chaussures.

Pierre

Marie   François

Nathalie: ses vêtements sont typiques de ceux d'une servante de cette époque, avec un bonnet et un tablier blancs. Sa blouse en toile de lin est jaune clair avec des manches au coude et sa jupe de laine est de couleur marron. Elle transporte une cruche de terre cuite bleue.

Petite Biche: cette jeune fille iroquoise porte un pendentif de cuivre autour du cou. Son costume à franges, dans des tons naturels de jaune ocre et de brun, est entièrement fabriqué de peaux de daim souple. La décoration colorée de perles cousues autour de ses épaules s'accorde avec celle de ses mocassins. Elle tient une branche de cèdre à la main. (Avant que les Blancs n'apportent des perles d'Europe, les Amérindiens décoraient leurs vêtements de piquants de porc-épic teints avec le jus de baies sauvages.)

Aigle Blanc: ce fier guerrier iroquois porte ses cheveux à la mohawk. Son visage et sa poitrine sont décorés de peintures de guerre aussi colorées que les plumes fixées au bout des flèches qu'il transporte dans un carquois sur son épaule. Son pagne noir comme du jais est retenu par un ceinturon rouge et blanc et bordé d'une décoration de perles de couleurs vives, comme sa ceinture de wampoum, son brassard et ses mocassins. Ses jambières en peau de daim sont fixées à ses genoux avec des bandelettes de cuir.

Nathalie

Petite Biche   Aigle Blanc

CHAPITRE **3** *Le géant en robe noire*

Jean de Brébeuf

On retrouve dans l'histoire des peuples toutes sortes de religions et de philosophies. Ces croyances sont parfois si ancrées que les gens sont prêts à mourir pour leur foi. On qualifie du nom de martyrs ceux qui meurent ainsi.

En Nouvelle-France, la religion est une force dominante qui contrôle tous les aspects de la vie dans la colonie. Les premières «robes noires» (les Récollets) débarquent au pays en 1615. Les Jésuites les remplacent en 1632. L'un d'eux, le père Jean de Brébeuf domine les Hurons de sa taille, car il mesure deux mètres. Il passe 23 ans dans la Huronie et fonde cinq missions.

Dans sa jeunesse, Jean de Brébeuf parcourt 1300 km en canot pour travailler avec les Hurons à Saint-Ignace (l'actuelle Midland, en Ontario). Il tient son journal et est un des premiers à consigner par écrit les péripéties de la découverte du Nord-Ouest. Il lui faut six années de patience pour obtenir sa première conversion d'un adulte amérindien au catholicisme. Brébeuf apprend la langue huronne et rédige un dictionnaire et une grammaire pour ses ouailles. Lorsque les maladies de l'homme blanc tuent des milliers d'Amérindiens, ceux-ci accusent les prêtres d'être responsables des épidémies. En 1637 et 1638, les Hurons pillent et détruisent les missions des Jésuites, puis lapident et torturent plusieurs compagnons du père Brébeuf. Celui-ci supporte ces épreuves et gagne à nouveau la confiance des Amérindiens grâce à son zèle religieux.

Lorsque des Hurons en fuite viennent l'avertir de l'arrivée imminente de 1000 Iroquois sur le sentier de la guerre, Brébeuf sait ce qui lui arrivera s'il reste

dans sa mission. Il a entendu les comptes rendus des traitements horribles qu'ont infligés les Iroquois aux habitants de Saint-Joseph et de Saint-Michel l'année précédente. Ces féroces ennemis détestent particulièrement les missionnaires blancs qu'ils prennent pour des lâches parce qu'ils portent les «robes noires des femmes». Le courageux Jésuite décide quand même sans hésiter de rester pour résister aux attaquants et se défendre avec les quatre-vingts guerriers hurons du village.

Les Iroquois gagnent la bataille contre les Hurons et capturent le père Brébeuf. En le rouant de coups, ces hommes féroces le ramènent à Saint-Ignace. On attache le Jésuite à un pieu dans l'église de rondins qu'il a lui-même construite. On lui arrache sa «robe de femme», puis on bat et torture son corps nu. Le prêtre se retient de se plaindre ou de montrer de la faiblesse, car il sait que les Amérindiens respectent l'audace, le courage et l'endurance face à la souffrance.

Pour briser sa résistance et lui faire abandonner sa foi, les Iroquois martyrisent Brébeuf pendant quatre heures. Les tourments qu'ils lui font endurer sont considérés comme les plus atroces et les plus horribles jamais infligés à un martyr chrétien. Les seuls sons que le Jésuite laisse échapper sont des prières pour ses tortionnaires iroquois. Sa mort se transforme en victoire: les Iroquois le saluent comme un ennemi invaincu par la torture, un de leurs plus grands compliments. Des légendes sur le courage extraordinaire du géant en robe noire se répandent dans les villages hurons et contribuent à augmenter le nombre de conversions au christianisme.

Le saint patron du Canada

Le 29 juin 1930, trois siècles après sa mort, la pape Pie XI canonise Jean de Brébeuf. Le 16 octobre 1940, on le proclame le saint patron du Canada. On célèbre sa fête le 26 septembre.

Évêques de la Nouvelle-France	
François de Montmorency Laval	1674-1688
Jean Baptiste de la Croix Chevrière de Saint-Vallier	1688-1727
Louis François Duplessis de Mornay	1727-1733
Pierre Hermann Dosquet	1733-1739
François Louis Pourroy de Lauberivière	1739-1740
Henri-Marie Dubreuil de Pontbriand	1741-1760

Un évêque combatif

Le Pape, sur la recommandation des Jésuites, nomme Monseigneur de Laval à la tête de l'Église catholique en Amérique du Nord. Durant les 15 années suivantes, l'évêque se bat ouvertement pour que l'Église ait un rôle prédominant dans la colonie. Le roi Louis XIV met fin à cette dispute en 1674 en le nommant évêque de la Nouvelle-France. Ceci assure à l'Église une position de pouvoir à l'égal de celles du gouverneur et de l'intendant. Mgr de Laval est un homme fier et puissant; pendant 50 ans, il débat du pouvoir de l'Église catholique en Nouvelle-France avec les gouverneurs, les intendants, les conseils et les paroissiens. Il meurt à l'âge de 85 ans.

Marie de l'Incarnation chez les Hurons

Les religieuses pionnières sont aussi courageuses et dévouées que les premiers prêtres. Madame de la Peltrie amène au Canada les premières soeurs enseignantes et infirmières; elles font partie de la congrégation des Ursulines.

Marie de L'Incarnation est l'une des premières religieuses à débarquer en Nouvelle-France. C'est une veuve qui est devenue religieuse à la mort de son mari et a laissé son jeune fils en France pour venir enseigner la religion aux indigènes du Canada. En 1640, elle écrit:

En France, je ne prenais presque jamais le temps de lire des histoires, et maintenant je dois lire et penser dans la langue des Indiens. Nous étudions cet étrange langage comme les écoliers étudient le latin... Nous sommes en bonne santé et chantons mieux que nous ne le faisions en France. L'air est excellent: c'est vraiment le paradis sur terre, même les «épines» débordent d'amour.

Mais l'existence n'est pas toujours facile pour les Ursulines. Durant l'été de 1670, mère de l'Incarnation écrit:

Tous les hivers sont très froids dans ce pays, mais le dernier a été le plus rigoureux... c'est le pire hiver que nous ayons connu... il y avait encore de la glace dans le jardin en juin... Dieu veut nous éprouver ici-bas en préparation de la douce existence qui nous attend au ciel à notre mort. Après 32 ans dans ce pays, nous sommes habituées à ce dur mode d'existence et avons oublié la vie facile que nous menions en France.

De nos jours, les Canadiens peuvent visiter le village de Marie de l'Incarnation chez les Hurons, reconstitué à Penetanguishene en Ontario, pour voir la façon dont vivaient les premiers colons.

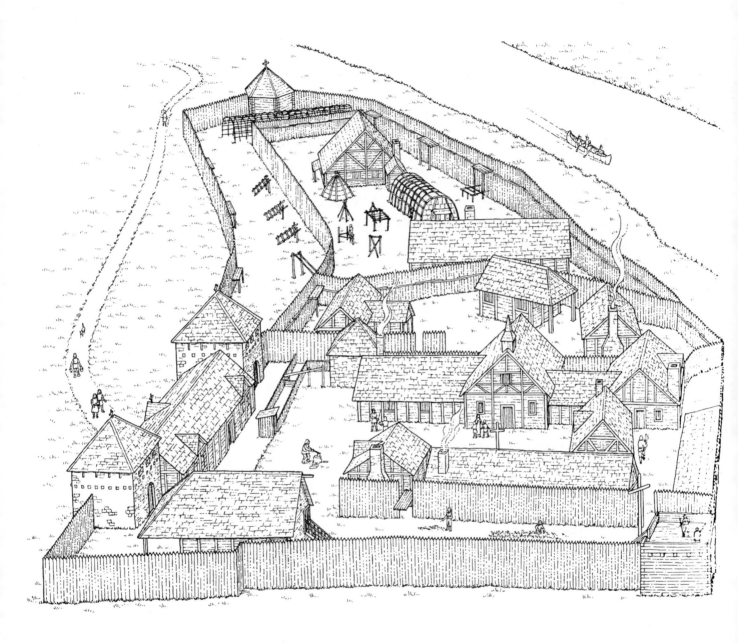

37

Des indigènes pacifiques

Même si les histoires de torture amérindienne nous semblent terribles, c'était pour les Amérindiens la façon de prouver leur bravoure; ces tortures ne sont pas pires que les pratiques en usage à cette époque dans les prisons de France et d'Angleterre, comme la Bastille à Paris ou la Tour de Londres. Les Iroquois sont en fait un peuple pacifique qui n'attaquent les Français que pour défendre leur territoire. En réalité, on qualifie de «grande paix» la Confédération des cinq nations iroquoises constituée par leur célèbre chef religieux et politique, Hiawatha. Chaque tribu élit des membres du gouvernement central; plus tard, les Hurons et les Ériés conquis se joignent à cette alliance, ainsi que les Tuscaroras, chassés de Caroline du Nord par les Blancs.

«Sans culottes»

La Nouvelle-France est une communauté unique qui a ses propres coutumes et comportements particuliers. En voici un exemple amusant. L'évêque de Québec se voit à un moment donné dans l'obligation de publier la proclamation suivante aux habitants de Ville-Marie qui ont adopté une habitude inusitée durant les jours chauds de l'été:

C'est avec un grand regret que nous avons été mis au courant,
à Notre retour de France, de La Mauvaise Habitude
que vous avez prise à l'encontre de toute Bienséance
de sortir en sous-vêtements et sans culottes
durant l'été pour combattre La Grande Chaleur.

Une plume d'oie

Les colons de Nouvelle-France se servent pour écrire de plumes fabriquées avec des plumes d'oie.

Il te faut:
une grande plume de l'aile d'une oie, d'une dinde ou d'un autre
  oiseau de bonne taille
de l'encre
du papier
un couteau «x-acto» ou un canif

Marche à suivre:

1. Utilise un couteau pour tailler la pointe de la plume selon la forme illustrée à la figure 1. Pratique ensuite une petite entaille au bout de la plume (cela aidera l'encre à bien s'écouler).

2. Trempe le bout de ta plume dans l'encre et, en la tenant de la façon illustrée à la figure 2, commence à écrire. Exerce toi à former différentes lettres et à faire des traits jusqu'à ce que tu sois bien à l'aise dans le maniement de la plume. Pour t'aider, sers-toi des conseils et des exemples dans les livres de calligraphie que tu trouveras à la bibliothèque.

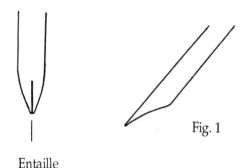

Entaille

Fig. 1

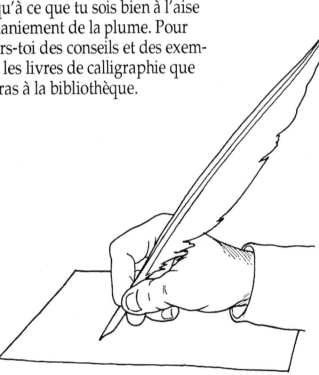

Fig. 2

La rédaction des Relations des Jésuites

Les comptes rendus des Jésuites, appelés *Relations*, sont la principale source d'information sur la vie en Nouvelle-France. Les prêtres y consignent des descriptions détaillées des personnages et des événements de la colonie. Écris toi aussi chaque jour les Relations de ta famille, de ton école ou de ton quartier. Si tu utilises ta plume d'oie pour le faire, tu auras vraiment l'impression d'être en 1650 et de tenir un journal d'importance historique!

1. **Événements:** Les *Relations* des Jésuites enregistrent les événements qui se passent en Nouvelle-France de la même manière qu'on écrirait une lettre de nos jours. Voici quelques exemples contemporains:

   Ma soeur a eu son permis aujourd'hui. Elle pourra maintenant conduire la voiture familiale.
   Une nouvelle famille a emménagé dans l'ancienne maison des Tremblay aujourd'hui.
   M. Ledoux, notre professeur de sciences, est malade aujourd'hui.

2. **Personnages:** Les lettres des Jésuites décrivent les principaux personnages de la colonie. Voici quelques exemples contemporains:

   Amélie était nerveuse avant son examen du permis de conduite, mais maintenant elle est très fière d'elle.

   Mademoiselle Pilon n'est pas aussi sévère que monsieur Ledoux, ce qui fait que nous bavardons plus en classe, mais elle ne raconte pas de blagues comme lui.
   Les nouveaux enfants dans la maison des Tremblay semblent très timides.

3. **Opinions:** Les Jésuites suggèrent souvent des changements ou des nouvelles idées pour la colonie. Voici des exemples contemporains:

   Je pense que notre famille devrait s'acheter un deuxième téléviseur.
   Nous devrions faire plus de sorties avec la classe.
   Les policiers devraient émettre plus de contraventions aux conducteurs qui font des excès de vitesse dans notre rue le soir.

4 CHAPITRE

La bataille du Long-Sault

Dollard des Ormeaux

Lorsque le sieur de Maisonneuve, gouverneur de Ville-Marie (l'actuelle Montréal) apprend que les guerriers se rassemblent sur les rivières des Outaouais et Richelieu en vue d'attaquer sa colonie, il fait appeler Dollard des Ormeaux, le commandant de sa garnison, pour discuter de la défense du fort.

À la grande surprise de Maisonneuve, le jeune officier a déjà élaboré un plan. Dollard propose de remonter l'Outaouais avec un petit contingent pour attaquer les Iroquois avant qu'ils ne puissent préparer leur assaut.

Avec l'approbation du gouverneur, Dollard choisit seize jeunes hommes célibataires, des fermiers et des artisans locaux, avec lesquels il remonte la rivière à la rencontre des forces ennemies. La rumeur de sa mission se répand dans les forêts du voisinage et, bientôt, le chef Anahota avec 40 de ses Hurons et le chef Mitiwemeg avec quatre de ses Algonquins le rejoignent. Ces hommes cherchent à se venger des Iroquois qui ont tué des centaines de personnes de leur peuple.

Le 1ᵉʳ mai 1660, le petit groupe arrive à un fortin abandonné aux rapides du Long-Sault situés à 80 km environ au nord-ouest de Ville-Marie (près de l'actuelle Hawkesbury, en Ontario) et se prépare à le défendre.

Leur première rencontre est avec un groupe d'éclaireurs iroquois. Ils les tuent tous, à l'exception d'un. Ce survivant s'échappe et va avertir le gros des forces iroquoises.

Dollard entend le bruit de centaines d'avirons fendant l'eau avant même d'apercevoir les Iroquois. La peur l'étreint à la vue de la troupe de 300 guerriers ennemis qui arrive devant le fort. Au premier assaut, les Iroquois subissent de lourdes pertes sous les coups de mousquets français, mais ils attaquent encore deux fois avant de battre en retraite.

Durant les cinq jours suivants, le silence règne dans le fortin où sont enfermés les Français et leurs alliés; seul le bourdonnement des mouches vient rompre ce calme. La plupart des Hurons désertent à cause du manque d'eau et de nourriture, mais leur chef et une poignée de guerriers restent avec les 17 jeunes Français.

Le cinquième jour, des renforts de 800 Iroquois arrivent de la rivière Richelieu. Avec ces nouvelles forces, les Iroquois lancent une attaque frontale, mais les vaillants défenseurs du fragile fortin de bois les repoussent.

Les Iroquois attendent trois jours avant de passer à l'attaque finale le 26 mai 1660. Les attaquants viennent de tous les côtés jusqu'au pied du fortin où ils mettent le feu aux murs. Pendant que ses hommes combattent leurs ennemis face à face avec leurs mousquets comme gourdins, Dollard prépare rapidement une bombe avec de la poudre à canon. Après avoir allumé la mèche, le Français essaie de la lancer au-dessus de la palissade au milieu des attaquants. Malheureusement, la bombe ne va pas assez loin, mais rebondit plutôt sur la palissade et retombe dans le fortin où elle explose parmi ses défenseurs. L'explosion en tue plusieurs, les autres sont brûlés ou aveuglés.

Profitant de la confusion, les Iroquois déferlent par-dessus la palissade du fortin et tuent tous les défenseurs, à l'exception de quatre Hurons et cinq Français qui mourront plus tard après avoir été torturés.

C'est le célèbre coureur de bois Pierre Radisson* qui, en revenant d'un voyage à la baie d'Hudson, découvre l'horrible carnage du Long-Sault. Il rapporte à Maisonneuve qu'il n'y a plus un seul Iroquois sur la rivière; les guerriers amérindiens ont abandonné leur idée d'attaquer Ville-Marie après avoir perdu le tiers de leurs hommes aux mains d'une poignée seulement de jeunes gens.

Par leur bravoure, Dollard et ses compagnons ont sauvé la jeune colonie qui deviendra Montréal.

* Tu peux en apprendre plus au sujet de Pierre Radisson dans le livre *La Traite des fourrures* publié dans la même collection.

Héros ou fripouille ?

Certains historiens prétendent que Dollard des Ormeaux n'est pas un héros du tout. Ils croient plutôt que son expédition sur la rivière des Outaouais avait pour but de voler des fourrures et non de défendre Ville-Marie.

La maquette d'un fort

Il te faut:
des ciseaux
un couteau «x-acto»
de la colle blanche
des crayons de couleur ou des stylos feutres

Marche à suivre:

1. Colorie les différents morceaux avant de les découper. Fais bien attention de ne pas colorier les languettes. Suggestions: la palissade et les murs de la maison, bruns; les toits des tours et de la maison, beiges.

2. Découpe les morceaux de la palissade. Plie chaque morceau en deux, entre les pointes des pieux (voir fig.1). Colle ensemble les deux côtés de chaque morceau en n'utilisant pas trop de colle pour éviter les boursouflures.

3. Découpe les morceaux des quatre tours. Avec un couteau «x-acto», coupe les fentes pour les languettes. Assemble les tours en n'appliquant la colle que sur les languettes et non sur les murs (voir fig. 2).

4. Assemble la maison.

5. Insère les languettes de la palissade dans les fentes des quatre tours et colle-les en place.

6. Coupe la ligne du centre de la porte de la palissade et replie-la pour l'ouvrir.

7. Colle ton fort à une base de carton. Arrange le terrain à ton goût.

Assemblage de la palissade

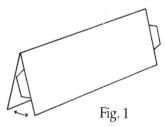

Fig. 1

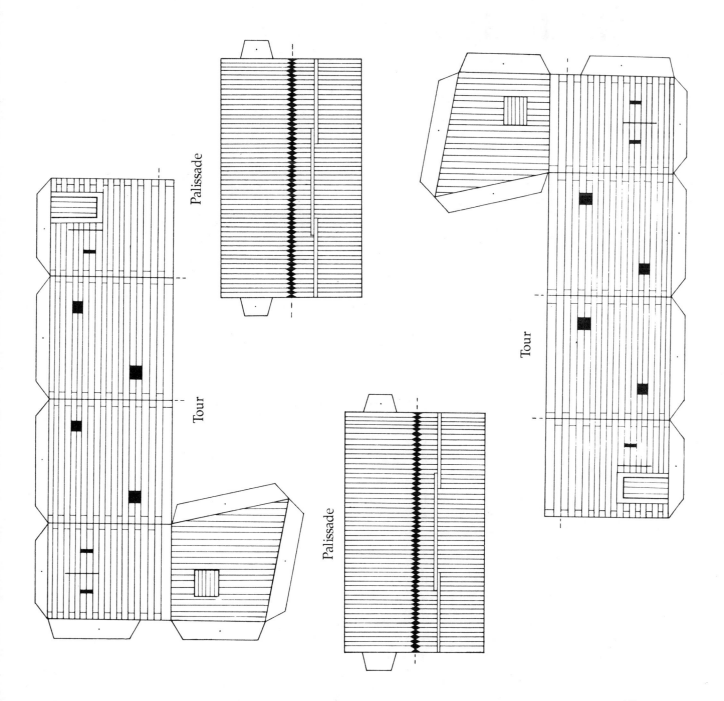

Palissade

Tour

Palissade

Tour

47

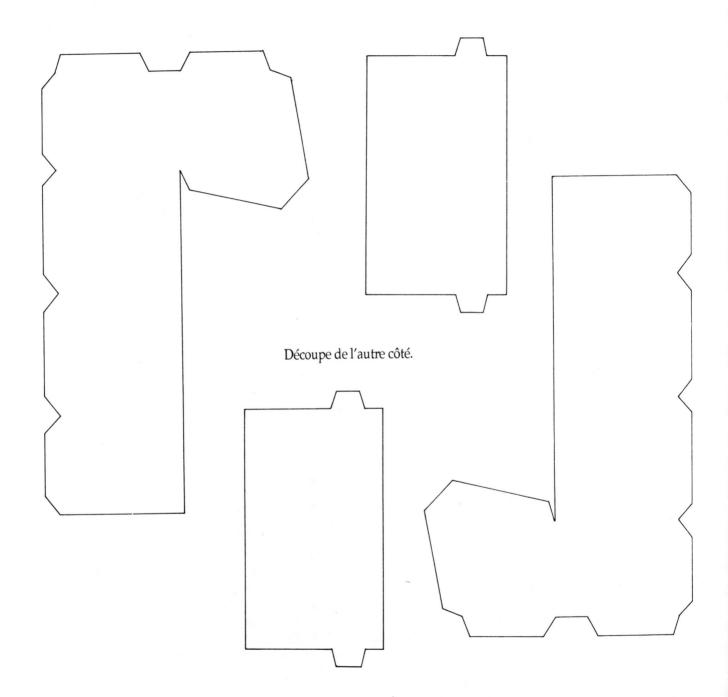

Découpe de l'autre côté.

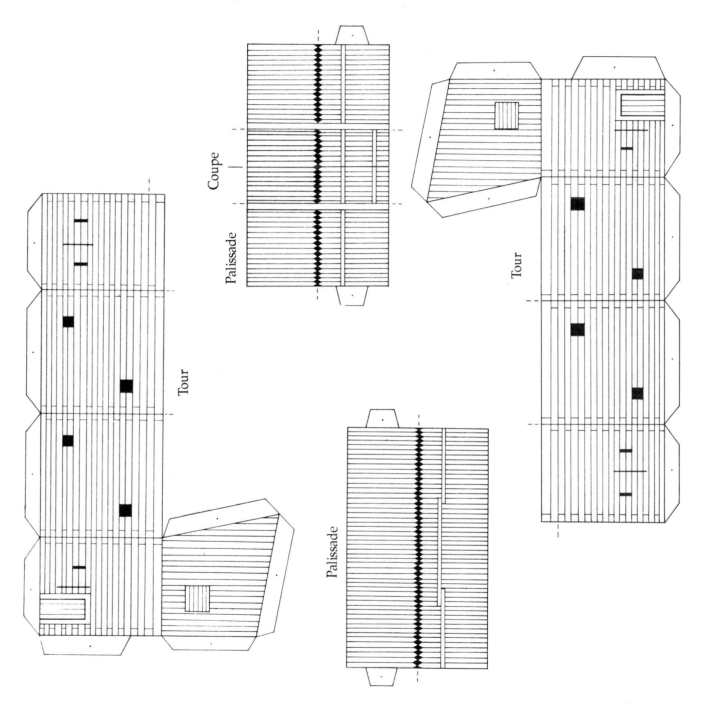

Coupe

Palissade

Tour

Palissade

Tour

49

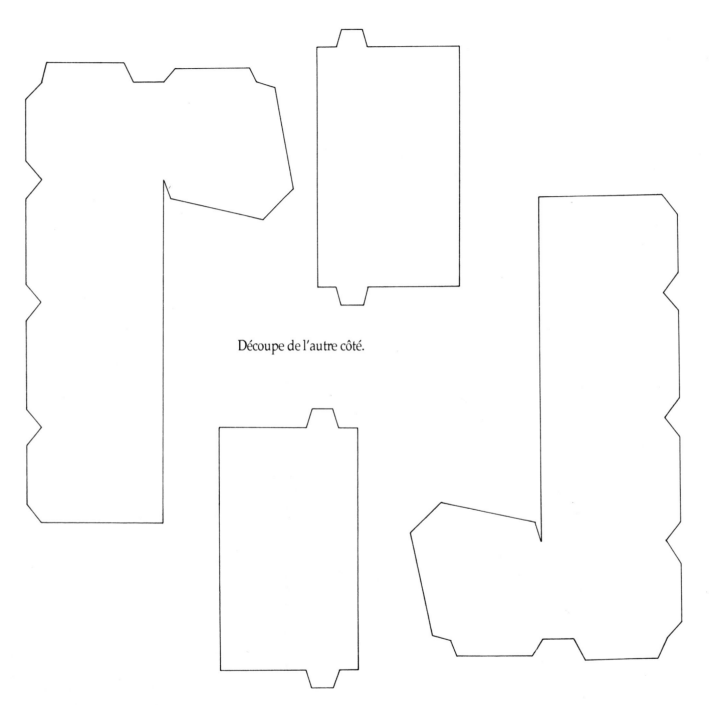

Découpe de l'autre côté.

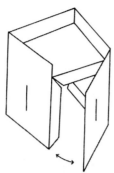

Assemblage de la tour

Fig. 2

Toit

Cheminée

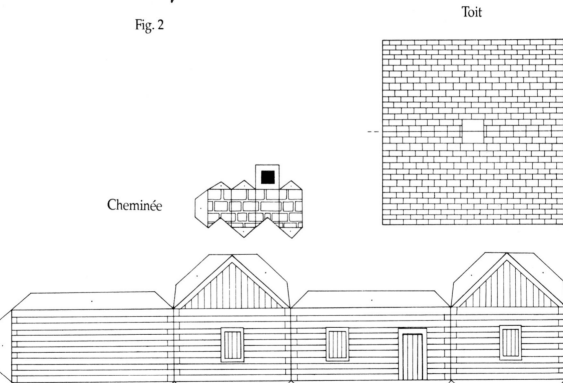

Maison

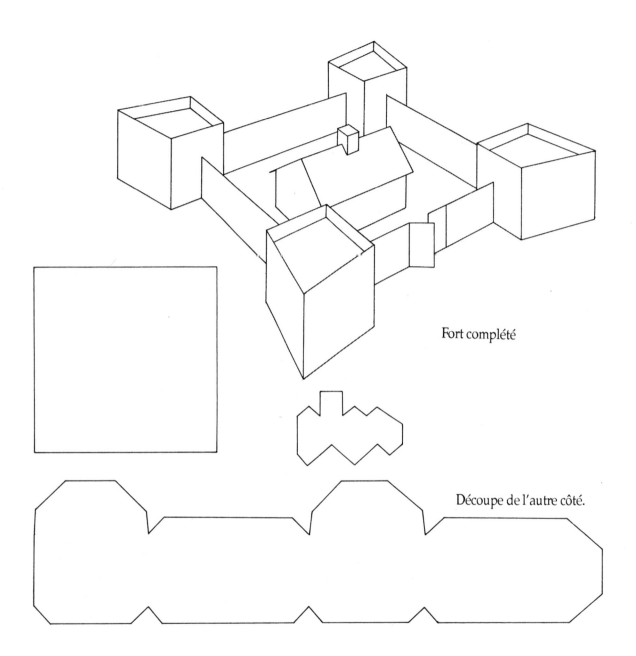

Fort complété

Découpe de l'autre côté.

52

5 *Le grand intendant*

Jean Talon

Peux-tu imaginer toute la population d'Amérique du Nord s'exprimant en français? Dans les années 1600 à 1750, c'est le destin qui semble promis à ce continent. Durant cette période, les petites colonies et les forts français se développent et grandissent pour former la Nouvelle-France dont le territoire inclut presque toute l'Amérique du Nord.

En 1663, le jeune Louis XIV décide de renforcer l'Empire français en Amérique. Il déclare la Nouvelle-France province royale et en confie la charge à son premier intendant, Jean Talon. Dans cette nouvelle structure, trois personnes se partagent le pouvoir dans la province: l'évêque, qui s'occupe de l'éducation morale et religieuse; le gouverneur, qui assure la protection militaire; et l'intendant, qui voit à ce que la colonie soit dotée d'un système judiciaire, se développe au point de vue économique et accroisse sa population.

Les Iroquois, qui sont décidés à débarrasser leur territoire des envahisseurs français, constituent le plus grand problème. Les colons ne peuvent pas s'aventurer loin de leurs demeures ou du fort de peur d'être capturés ou tués. Les Amérindiens font des raids réguliers pour brûler les maisons et les récoltes des Français.

Durant l'été de 1665, les soldats des meilleurs régiments de France, revêtus d'uniformes gris et violets, débarquent et défilent dans les rues de Québec. Avec eux, arrivent de pleins navires de nouveaux colons et de marchandises. L'armée, sous le commandement du vice-roi, M. de Tracy, passe à l'attaque et brûle les villages amérindiens jusqu'à ce que les indigènes acceptent de conclure un traité de paix.

Jouissant de cette nouvelle sécurité, la colonie s'agrandit rapidement sous la conduite de Jean Talon. En appliquant le régime seigneurial alors en vigueur en France, l'intendant octroie aux riches seigneurs de grandes terres à condition qu'ils amènent des «habitants» pour les défricher et bâtir des maisons le long du fleuve. Les habitants doivent payer un loyer, ou dîme, à leur seigneur et donner une partie de leurs récoltes (un vingt-sixième) à leur paroisse pour les dépenses du culte.

Pour encourager l'accroissement de la population, Jean Talon offre la somme de 20 livres, en dot royale, à chaque femme qui se marie avant l'âge de 16 ans et à chaque homme qui le fait avant l'âge de 20 ans. De plus, des récompenses en argent sont remises aux familles de dix enfants et plus. À l'arrivée de chaque nouveau groupe de «filles du roi» en provenance de France, l'intendant défend aux hommes célibataires de partir pour la chasse ou pour la traite des fourrures jusqu'à ce que toutes les jeunes femmes nouvellement arrivées soient mariées.

Chaque habitant doit avoir accès au fleuve de façon à s'en servir pour le transport et à disposer d'eau pour ses cultures et son bétail. C'est pourquoi les seigneurs divisent leur domaine en longues bandes étroites. Bientôt, la rive du fleuve, de Québec à Montréal, est garnie de maisons d'habitants aux toits pointus et aux murs passés à la chaux.

En même temps que la population augmente, le territoire de la Nouvelle-France s'agrandit. Dans un autre livre de cette collection, *La Traite des fourrures*, tu peux découvrir comment Pierre Radisson voyage vers le nord jusqu'à la baie d'Hudson en 1659 et comment les frères La Vérendrye atteignent les montagnes Rocheuses au Wyoming en 1743. En 1672, le père Marquette et Louis Joliet se rendent jusqu'au Mississippi; dans le chapitre suivant, tu peux lire l'épopée de La Salle qui l'amène jusqu'au golfe du Mexique.

Baie
d'Hudson

Canada

TERRITOIRES FRANÇAIS

Québec
Montréal

Acadie

Colonies britanniques

Louisiane

Nouvelle-Orléans

LA NOUVELLE-FRANCE EN 1712

Les filles du roi

Un des principaux objectifs de Jean Talon est d'accroître la population de la Nouvelle-France. Comme la majorité de cette population est constituée de colons et de soldats célibataires, il persuade le roi d'envoyer des navires remplis de «filles du roi».

Au départ, ces jeunes Françaises sont des orphelines provenant des orphelinats de l'État ou des femmes qui n'ont plus aucun soutien familial. Par après, ce groupe comprend aussi des paysannes et des citadines qui se portent volontaires pour se rendre en Nouvelle-France et y commencer une nouvelle vie.

Les «bateaux de fiancées» arrivent une fois par année de 1655 à 1671, amenant plus de 100 femmes par voyage. Chaque fille du roi apporte une dot royale: un boeuf, une vache, deux porcs, deux poulets, deux barils de boeuf salé et 15 couronnes en argent.

Lorsqu'elles arrivent en Nouvelle-France, on installe les jeunes femmes dans des maisons où elles peuvent rencontrer les hommes cherchant à se marier. Les futurs époux et épouses peuvent alors choisir leur partenaire selon leur convenance. Les prêtres et les notaires sont sur place, prêts à marier immédiatement les couples. Quand un célibataire la demande en mariage, une fille du roi refuse rarement. Une fois mariée, la femme devient la propriété de son mari. Selon la loi de la Nouvelle-France, une épouse ne peut obtenir la séparation ou le divorce que si son époux «la bat avec un bâton plus gros que le poignet».

Des 150 premières filles du roi, seulement 15 ne trouvent pas de mari et deviennent servantes au lieu de se marier. Talon impose une amende aux filles de 16 ans et aux hommes de 20 ans qui ne sont pas encore mariés. Les couples qui ont dix enfants et plus reçoivent une allocation de 300 livres par an; ceux qui en ont 12 obtiennent 400 livres. Vers 1670, il naît 700 bébés par année dans la colonie.

Talon saisit les terres concédées aux propriétaires absents qui ont manqué à leur promesse d'y installer des colons et les divise en lots «en pointes de tarte» qu'il donne aux jeunes familles. Le centre de chaque «tarte» devient un petit village fortifié permettant aux colons de se défendre des attaques des Amérindiens. Chaque famille doit défricher un hectare (deux acres) pour elle-même et un autre hectare pour une future famille.

Le plan de Talon fonctionne très bien. En 1666, par exemple, plus de 400 soldats se marient et prennent possession d'une terre à la fin de leur service militaire plutôt que de retourner en France.

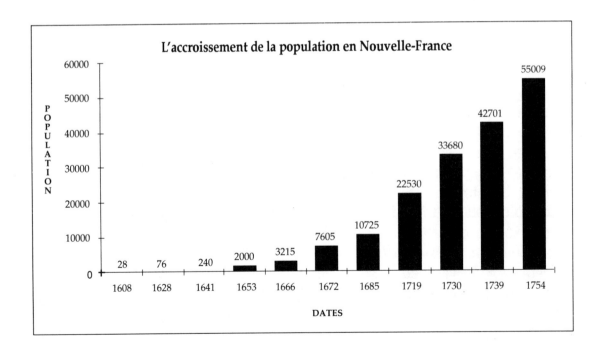

Le célibataire de la Nouvelle-France

Le plan de Jean Talon avec ses «bateaux de fiancées», ses amendes pour les jeunes célibataires et ses allocations pour les familles nombreuses a permis à la colonie de la Nouvelle-France de se développer. Toutefois, l'intendant reste célibataire toute sa vie, jusqu'à sa mort à l'âge de 68 ans.

L'argent de cartes

En 1685, l'intendant Jacques de Meulles est incapable de payer leur solde aux troupes de Nouvelle-France, car le bateau apportant l'argent de France n'est pas encore arrivé. Il résout ce problème en payant les soldats avec des cartes à jouer, qui deviennent la monnaie officielle de la colonie durant les vingt-cinq années suivantes.

Une immigration multiculturelle

Les colons de Nouvelle-France ne sont pas tous d'origine française. Un navire amène un jour un groupe comprenant des immigrants allemands, portugais, hollandais et algériens.

Intendants de la Nouvelle-France	
Jean Talon	1665-1668
Claude de Bouteroue	1668-1670
Jean Talon	1670-1672
Jacques Duchesneau	1675-1682
Jacques de Meulles	1682-1686
Jean Bochart de Champigny	1686-1702
François de Beauharnois	1702-1705
Jacques et Antoine Raudot	1705-1711
Michel Bégon	1712-1726
Claude Thomas Dupuy	1726-1728
Gilles Hocquart	1731-1748
François Bigot	1748-1760

Les «orignaux français»

En 1665, Jean Talon fait venir de France 14 étalons et juments pour aider les fermiers de la colonie. Bien qu'il y ait déjà plusieurs milliers de bestiaux en Nouvelle-France à cette époque, c'est la première fois que les Amérindiens voient des chevaux et ils les appellent des «orignaux français».

Grandes premières

Lorsqu'on colonise un nouveau pays, certains événements font date. Voici quelques-unes de ces «premières» de l'histoire canadienne.

Les premiers prêtres — 1615
Quatre missionnaires récollets arrivent à Tadoussac.

Le premier colon — 1617
Louis Hébert est apothicaire (pharmacien) à Paris lorsqu'il s'embarque avec Champlain pour Port-Royal durant l'été de 1606. Il partage son temps entre le travail de fermier et celui de médecin. En 1617, il déménage à Québec avec sa femme et ses trois enfants.

Le premier mariage — 1617
Le premier mariage enregistré en Nouvelle-France est celui de Stephane Jonquest et d'Anne Hébert.

La première église — 1620
Les Récollets construisent la première chapelle, Notre-Dame-des-Anges, à Québec.

La première *Relation* des Jésuites — 1623
Les premières chroniques de la vie dans la colonie sont publiées en France.

Le premier Métis — 1625
Avant de rencontrer et épouser Françoise, Charles de La Tour devient le père du premier enfant métis (moitié blanc, moitié indigène) de la Nouvelle-France. La mère est une Amérindienne micmac.

Les premiers seigneurs — 1634

Les premières seigneuries sont en Acadie; Poutrincourt en établit une dans la vallée d'Annapolis de 1610 à 1614. Robert Giffard reçoit la première seigneurie du Québec en 1634.

La première pièce de théâtre — 1640

Martial Piraube joue le rôle principal dans la première pièce de théâtre du Québec. L'auteur et le producteur en est Marc Lescarbot, qui écrit aussi la première histoire de la Nouvelle-France.

La première naissance — 1648

Le premier enfant blanc né en Nouvelle-France est Barbe Meusnier.

La première taverne — 1648

Jacques Brisson ouvre une taverne licenciée à Québec.

La première exécution — 1654

Une voleuse de 16 ans est la première personne exécutée en Nouvelle-France.

La première école — 1658

Marguerite Bourgeoys inaugure la première école publique installée dans une étable.

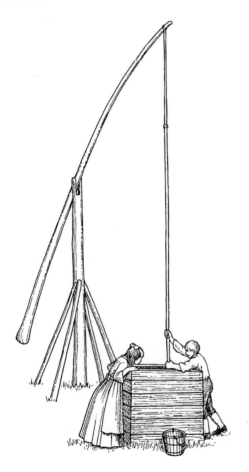

Un puits à balancier

On utilise les moulins à vent de pierre comme forteresse en temps de guerre et durant les révoltes des Amérindiens.

Le premier navire — 1679
La Salle fait construire le premier navire, le *Griffon*, et le lance sur les Grands Lacs.

Le premier moulin à eau — 1691
On bâtit le premier moulin à eau commercial au Petit Pré, près de Québec.

Le premier service postal — 1721
On inaugure le premier service postal entre Québec et Montréal.

Les premières forges — 1737
On construit les Forges Saint-Maurice, près de Trois-Rivières, pour effectuer le raffinement du minerai de fer local.

La première route — 1737
Les cours d'eau constituent les seules voies de communication dans la colonie jusqu'à la construction de la première route entre Québec et Montréal.

Le test des métiers

En Nouvelle-France au XVIIᵉ siècle, il se pratique différents métiers. Ci-dessous se trouve une liste d'activités auxquelles se livrent les colons en 1663. Peux-tu nommer le métier qui se rattache à chacune d'elles? (Réponses à la page 89.)

Quel métier pratique la personne qui:

1. *Prépare les médicaments?*
2. *Fabrique et vend les armes?*
3. *Mesure les terrains?*
4. *S'occupe de la maintenance de l'église?*
5. *Prépare et vend la viande?*
6. *Fait et vend le pain?*
7. *Fabrique les briques?*
8. *Confectionne les chapeaux?*
9. *Fait le charbon?*
10. *Travaille le bois?*
11. *Fabrique les roues et les chariots?*
12. *Façonne les chaudrons?*
13. *Soigne et opère les gens?*
14. *Fabrique les chaussures?*
15. *Fabrique les couteaux?*
16. *Fait la cuisine?*
17. *Défriche la terre?*
18. *Assure le service domestique?*
19. *Vend le tissu?*
20. *Vend la farine?*
21. *Exploite un domaine agricole?*
22. *Met à exécution les actes de justice?*

23. *Rend la justice?*
24. *Laboure les champs?*
25. *Taille la pierre?*

26. Tient un commerce?
27. Travaille sur un navire?
28. Fabrique les meubles?
29. Exploite un moulin?
30. Travaille le fer?
31. Rédige les contrats?
32. Accouche les femmes?
33. Confectionne les habits?
34. Fabrique les tissus?
35. File la laine?
36. Fabrique les tonneaux?

CHAPITRE 6 *À la recherche de la Chine*

Cavelier de La Salle

La plupart des jeunes gens ont un but ou un rêve qu'ils veulent réaliser, quelque chose qu'ils voudraient voir, faire ou devenir dans l'avenir. Le rêve d'un jeune Français vivant au XVIII siècle, René-Robert Cavelier de La Salle, est de voyager jusqu'à l'Orient mystérieux.

La Salle, le deuxième fils d'un marchand, est un bon étudiant et il possède d'excellentes aptitudes en mathématiques. À l'âge de 15 ans, il entreprend des études pour devenir un prêtre jésuite. Ce garçon imaginatif et actif écrit sans cesse à ses supérieurs pour leur demander qu'on l'envoie aux missions jésuites en Chine, mais on rejette ses demandes. Déçu, le jeune homme au bouillant tempérament quitte les Jésuites et s'embarque pour la Nouvelle-France en quête d'aventures.

L'ambition de La Salle est d'être le premier à atteindre la Chine en trouvant une route à travers le continent nord-américain. Il achète une seigneurie située près des rapides à l'ouest de Montréal qu'il nomme Lachine («la Chine»). Il y construit un fort qui sera son point de départ pour ses voyages d'exploration. La ville de Lachine se dresse aujourd'hui à cet emplacement.

Avec enthousiasme, La Salle part vers l'ouest et crée une autre seigneurie, Cataraqui. Il y construit Fort Frontenac, doté de solides murs de pierre (là où se trouve l'actuelle Kingston, en Ontario). Il installe également les premiers chantiers maritimes des Grands Lacs.

Comme il est impossible de traverser les chutes Niagara (entre les lacs Ontario et Érié) en bateau, l'audacieux Français fait transporter les matériaux nécessaires à la construction de son navire, le *Griffon*, en haut des falaises bordant les chutes. Le bateau sera construit de l'autre côté et naviguera sur les lacs Érié,

Huron et Michigan. La Salle atteint Saint-Ignace le 27 août 1679, puis il renvoie le *Griffon* au Niagara avec un riche chargement de fourrures. Accompagné de 14 hommes, l'intrépide explorateur continue vers l'ouest jusqu'au fleuve Mississippi.

Durant le voyage de retour, le *Griffon* coule avec ses fourrures. De son côté, La Salle est si arrogant et autoritaire que ses compagnons se mutinent contre lui. Heureusement que l'explorateur a l'amitié de Frontenac, qui lui permet d'établir des postes de traite dans la vallée de l'Illinois. À partir de là, La Salle explore le Mississippi, rencontrant des dizaines de tribus amérindiennes inconnues et bâtissant des forts français, comme Fort Prud'homme en 1682 (à l'emplacement de l'actuelle Memphis). Là où se trouve maintenant Venise, en Louisiane, le Français érige une croix et un poste portant les armes de la France.

De nombreux problèmes surviennent. La Salle manque d'être emporté par la fièvre et un alligator mange l'un de ses hommes. Les Amérindiens, qui s'objectent à l'invasion de leur territoire par les Blancs, tuent certains de ses compagnons. Enfin, Frontenac, son ami, est remplacé par le gouverneur La Barre qui saisit Fort Frontenac en paiement des dettes de La Salle.

Celui-ci retourne en France où il convainc le roi de lui remettre le fort et de lui concéder de nouvelles terres s'étendant de Fort Louis sur la rivière Illinois jusqu'à Nouvelle-Biscaye. L'explorateur prend le commandement d'une expédition de quatre navires pour aller établir une nouvelle colonie française à l'embouchure du Mississippi.

La personnalité hautaine et exigeante du chef de l'expédition provoque des querelles avec le capitaine des navires. Ensuite, les Espagnols capturent un de ses bateaux et son expédition aboutit au Texas. La Salle est incapable de localiser l'embouchure du Mississippi, ce qui le coupe de ses postes de traite dans l'Illinois. Encore une fois, il tombe malade et les Amérindiens hostiles tuent plusieurs de ses hommes. Les survivants en viennent à le détester et à l'accuser de leurs malheurs et de leur insuccès.

De nouvelles tentatives de trouver le Mississippi échouent; la tension et la frustration montent de plus en plus chez les Français. Les hommes ont perdu confiance en leur chef fier et égoïste et ils se méfient de lui. Ses compagnons se révoltent contre lui.

La situation devient explosive le 19 mars 1687 près de l'endroit où se trouve actuellement Nevasoto, au Texas. Tout commence avec une querelle au sujet de la viande d'un bison fraîchement tué. Le neveu de La Salle, Moranget, un jeune homme impulsif et imprudent, arrache le gibier des chasseurs qui le tuent plus tard pendant son sommeil. Lorsque son oncle vient le chercher, les mutins se cachent dans les buissons. L'un d'eux insulte La Salle pour l'attirer, pendant qu'un autre le tue d'un coup de feu dans le dos.

Ainsi s'achève les quarante-quatre années de la vie de La Salle qui, même s'il n'a jamais atteint la Chine, a agrandi le territoire de la Nouvelle-France jusqu'à la vallée de l'Illinois, à l'ouest, et le golfe du Mexique, au sud.

La conquête de l'Amérique du Nord

Voici un jeu de conquête dont le but est de conquérir tout le continent d'Amérique du Nord!

Il te faut:
2 ou 3 joueurs
un dé à jouer
du papier
un crayon
des ciseaux

Marche à suivre:
1. Découpe six carrés de papier de 2 cm de large pour chaque joueur. Celui-ci les marque de son symbole personnel: ce sont les «armées».

2. Dessine la carte de la page 71 sur un grand carton.

Déroulement du jeu:
1. Lance le dé pour déterminer quel joueur choisira un territoire en premier. Place une «armée» sur chaque territoire choisi. Chacun à son tour choisit un territoire jusqu'à ce qu'ils soient tous occupés.

2. Lance le dé de nouveau pour déterminer qui attaquera le premier.

3. L'attaquant annonce quel territoire ennemi il désire attaquer et cela à partir de quel territoire qu'il occupe déjà. L'attaquant et le défenseur lancent le dé à tour de rôle. Si l'attaquant gagne, l'armée du défenseur est enlevée du territoire attaqué et remplacée par celle de l'attaquant. Si le défenseur gagne, son armée est enlevée du territoire d'où il attaquait et remplacée par celle du défenseur.

4. Le dé passe ensuite au joueur suivant, qui commence son attaque. Le jeu continue jusqu'à ce qu'un joueur ait conquis tout le continent.

* Pour allonger la partie, tu peux diviser l'Amérique du Nord en 12 parties et remettre 12 armées à chaque joueur.

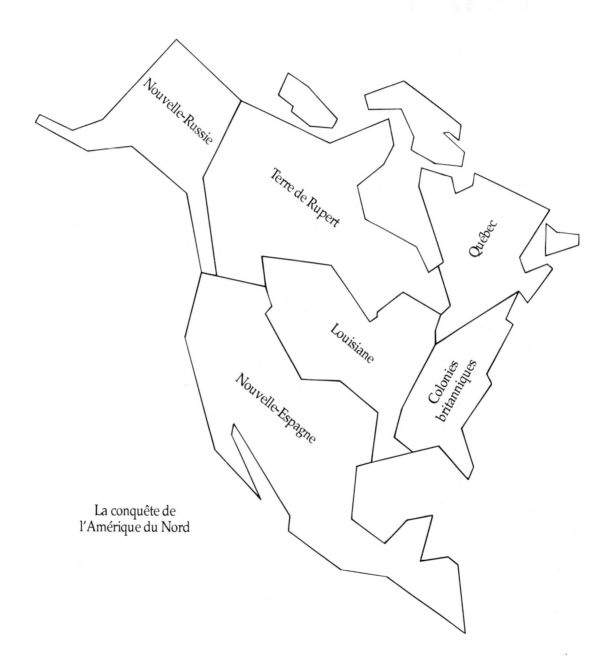

Nouvelle-Russie

Terre de Rupert

Québec

Louisiane

Colonies britanniques

Nouvelle-Espagne

La conquête de
l'Amérique du Nord

71

7

Une jeune héroïne

Madeleine de Verchères

Il arrive souvent de nos jours que des adolescents soient responsables de la maison familiale et de leurs jeunes frères et soeurs durant une courte absence de leurs parents. En Nouvelle-France cependant, on considère les adolescents comme des adultes et on s'attend à ce qu'ils prennent leur part de responsabilités.

De 1689 à 1701, les Iroquois partent de nouveau en guerre contre les colonies françaises; le gouverneur Frontenac revient au pays pour en assurer la défense.

Le 22 octobre 1692, une jeune fille de 14 ans, Madeleine de Verchères, travaille au champ avec d'autres hommes et femmes à 32 km en aval de Montréal. De l'autre côté du champ, s'élève, sécurisante, la silhouette du fort seigneurial de Verchères. Son seigneur, François Jarret de Verchères, est en service militaire à Québec et sa femme, Marie, est en visite à Montréal.

Sans aucun avertissement, les Amérindiens s'élancent de la forêt en poussant des cris de guerre et en brandissant leurs tomahawks. Madeleine se précipite avec la vitesse et l'instinct d'une biche effrayée vers le fort où elle est née. C'est à peine si elle entend les lamentations de ses compagnons blessés tant le vent siffle fort dans ses oreilles. Son coeur bat à tout rompre quand elle atteint l'entrée du fort.

Ses cris de «Aux armes! Aux armes!» sont soudainement interrompus par un Amérindien qui tire brutalement sur son châle et la force à s'arrêter. Un Iroquois, plus rapide que les autres, l'a rattrapée et agrippe fermement le bout de

son châle. Madeleine se libère désespérément de son agresseur et se réfugie à l'intérieur de la palissade, claquant la porte au nez du poursuivant. Aucun autre colon travaillant dans le champ ne réussit à s'échapper avec la jeune fille.

Quarante ou cinquante guerriers iroquois encerclent le fort. À l'intérieur, il n'y a plus que deux soldats et quelques femmes et enfants. Les deux militaires décident de faire sauter le fort et ses occupants plutôt que d'être capturés par les Amérindiens.

Furieuse et dégoûtée à cause de leur manque de courage, Madeleine les réprimande. Deux ans plus tôt, elle a vu sa mère assurer le commandement de la défense du fort contre un raid amérindien qui dure deux jours. La jeune fille prépare le siège. Elle ordonne aux deux soldats de prendre position sur la palissade et donne des armes aux femmes ainsi qu'à sa servante de 80 ans et à ses deux jeunes frères de 10 et 12 ans.

Tout à coup, un des défenseurs lance un cri. Il vient d'apercevoir un petit bateau accoster au quai en contrebas. Madeleine reconnaît les visiteurs, qui ne semblent pas se douter du danger. Elle s'élance hors du fort, les rencontre sur la jetée et les amène en sécurité dans le fort. Les Amérindiens, pris de vitesse, n'osent pas intervenir.

Durant huit jours et huit nuits, la petite garnison assiégée repousse les attaquants. Le neuvième jour, le capitaine La Monerie arrive de Montréal avec une troupe de 40 hommes pour chasser les Iroquois. Dans son rapport, il mentionne que la défense du fort est aussi bien organisée que sous le commandement d'un officier du roi.

La nouvelle des exploits héroïques de Madeleine se répand à travers la Nouvelle-France et le gouverneur Frontenac lui octroie une pension royale.

La lutte pour l'Amérique du Nord

Bien avant la bataille finale des plaines d'Abraham, les Anglais et les Français s'engagent dans une compétition acharnée pour la possession du nouveau continent. D'habitude, les guerres commencent en Europe et s'étendent ensuite aux colonies; à la conclusion des traités de paix, les territoires capturés en Amérique du Nord sont fréquemment rendus à leur propriétaire original.

En 1613, les Anglais envoient Samuel Argall expulser les Français d'Acadie et brûler Port-Royal.

En 1629, une flotte britannique sous les ordres d'un Écossais, David Kirke, s'empare de Québec et capture Champlain. Toutefois, les Anglais rendent Québec aux Français en 1633 et Champlain redevient gouverneur.

En 1654, une troupe anglaise s'empare de Fort La Tour et de l'Acadie.

En 1662, les Français fondent une colonie dans la baie de Placentia, à Terre-Neuve.

En 1670, le prince Rupert d'Angleterre s'adjuge tout le territoire autour de la baie d'Hudson et de la baie de James.

En **1672**, La Salle bâtit Fort Frontenac à l'emplacement de l'actuelle Kingston, en Ontario.

En **1683**, Pierre Radisson, à la tête d'un groupe de Français, s'empare de Fort Nelson, propriété de la Compagnie de la Baie d'Hudson.

En **1684**, le partenaire de Radisson, Des Groseilliers, est battu à Fort Bourbon (Fort York), qui tombe aux mains des Anglais.

En **1686**, Pierre d'Iberville s'empare des forts de la Compagnie de la Baie d'Hudson.

En **1687**, Denonville attaque les Sénécas, alliés des Anglais, et bâtit le Fort Niagara.

En **1690**, Frontenac attaque et détruit les colonies anglaises. La même année, la milice du Massachusetts, commandée par William Phipps, enlève Port-Royal aux Français. Les Anglais subissent cependant la défaite aux mains de Frontenac lorsqu'ils tentent de s'emparer de Québec.

En **1694**, Iberville mène une attaque française qui reprend Fort Bourbon.

En **1700**, Cadillac bâtit Fort Pontchartrain sur le site de l'actuelle Détroit.

En **1704**, une armée française commandée par Rouville attaque et incendie la colonie anglaise de Deerfield, au Massachusetts.

En **1708**, les Français s'emparent de Saint-Jean, à Terre-Neuve.

En **1710**, les Anglais s'emparent de Port-Royal et la rebaptisent Annapolis Royal.

En **1713**, par le traité d'Utrecht, l'Angleterre obtient tous les territoires de Nouvelle-Écosse, de Terre-Neuve et de la baie d'Hudson.

En **1717**, les Français édifient une forteresse à Louisbourg, sur l'île du Cap-Breton.

En **1738**, les Français bâtissent Fort Rouge (Winnipeg) et Fort La Reine (Portage-La-Prairie) dans le Manitoba actuel.

En **1744**, une troupe française de Louisbourg attaque Annapolis Royal.

En **1745**, une armée anglaise s'empare de Louisbourg, mais le traité d'Aix-la-Chapelle rend la forteresse aux Français en 1748.

En 1749, Cornwallis crée une base navale à Halifax.

En 1752, les Français érigent Fort Rouillé à l'emplacement de l'actuelle Toronto.

En 1754, les troupes anglaises commandées par George Washington subissent la défaite quand elles attaquent Fort Duquesne.

En 1755, les Acadiens français sont expulsés de Nouvelle-Écosse.

En 1756, Montcalm arrive au Canada et s'empare de Fort Oswego.

En 1757, Montcalm remporte une autre victoire au Fort William Henry, sur le lac George.

En 1758, Montcalm, à la tête de 3000 hommes, défend Fort Ticonderoga contre une armée anglaise de 16 000 soldats.

En 1758, les Anglais s'emparent de Louisbourg.

En 1758, Fort Frontenac tombe aux mains des Anglais.

En 1759, la même année que la bataille des plaines d'Abraham, les Anglais s'emparent de Fort Niagara et de Fort Rouillé.

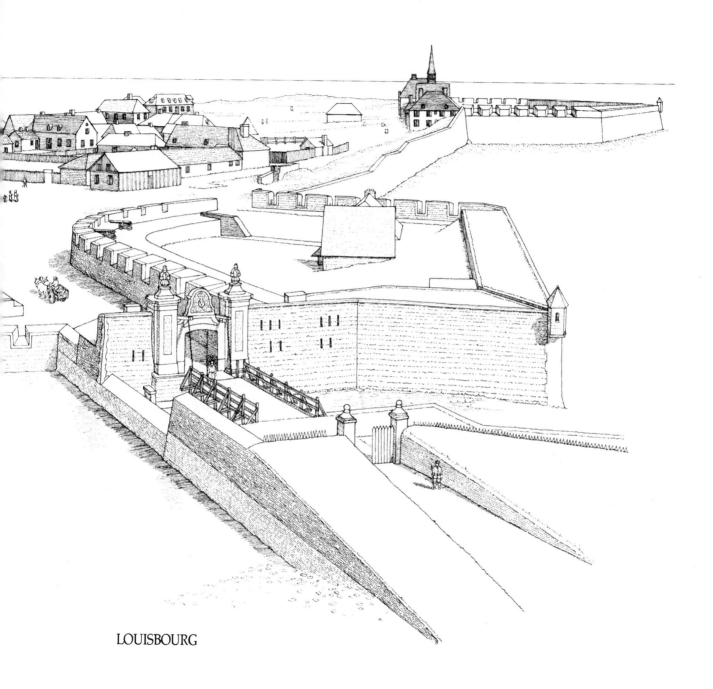

LOUISBOURG

79

La déportation des Acadiens

Lorsque la guerre commence en 1755, les Anglais contrôlent l'Acadie (Nouvelle-Écosse et Nouveau-Brunswick), mais la population, en majorité française, leur est hostile. Lorsque les colons refusent de prêter allégeance au pouvoir britannique, les soldats anglais brûlent leurs fermes et les forcent à quitter la colonie. Devant cet état de fait, les colons français veulent changer d'avis et se soumettre. Cependant, on leur annonce qu'il est trop tard et qu'ils seront expulsés. On les déporte dans les colonies anglaises le long de la côte atlantique, du Labrador à la Floride.

Le soldat de la France

On a appelé Pierre Lemoyne d'Iberville «le plus fameux chef de guérilla de son temps». En 1682, à l'âge de 21 ans seulement, il mène déjà des attaques contre les forts anglais le long de la baie d'Hudson. Pendant 15 ans, il harcèle les trappeurs de fourrures anglais du Nord-Ouest, remportant des victoires sur terre et sur mer. Puis il transporte ses forces à Terre-Neuve où il détruit 36 des 38 colonies anglaises. La puissance militaire d'Iberville assure à la France la possession du territoire de la Louisiane et défait les Anglais dans les Antilles. À l'âge de 45 ans, Iberville meurt à Cuba d'une maladie inconnue.

Mots croisés de la Nouvelle-France

HORIZONTALEMENT

2. Un capitaine de navire italien qui prend possession de Terre-Neuve.
7. Le nom de la résidence construite par Champlain à Québec.
8. Le village amérindien que Cartier voit sur le futur site de Québec.
9. Le village amérindien situé à l'emplacement de Montréal.
11. Le premier intendant.
14. Un riche propriétaire d'un grand domaine.
16. Le héros qui meurt au Long-Sault.
17. Un fermier propriétaire de sa terre.
21. L'explorateur qui descend jusqu'au golfe du Mexique.
22. Le gouverneur de la Nouvelle-France pour deux mandats.

VERTICALEMENT

1. Le chef amérindien enlevé par Cartier.
2. Le premier capitaine français à débarquer en Nouvelle-France.
3. Poursuivie, Madeleine de Verchères rentre en toute _ _ _ _.
4. La signification de «Canada» pour les Amérindiens.
5. Le prénom de mère de l'Incarnation.
6. La forteresse française sur l'île du Cap-Breton.
10. Prénom de l'adolescente qui défend son fort contre les Iroquois.
12. Le nom des deux époux qui se battent pour le contrôle de l'Acadie.
13. Un instrument utilisé par les navigateurs pour déterminer leur position.
15. Le premier navire à voguer sur les Grands Lacs.
18. Le saint patron du Canada.
19. Les Français expulsés de Nouvelle-Écosse.
20. Le premier coureur de bois.

8 *Les plaines d'Abraham*

Wolfe et Montcalm

Depuis le début de la colonisation de l'Amérique du Nord, les Français et les Anglais s'échangent sans cesse le contrôle des colonies. La bataille décisive a lieu en 1759.

Le commandant français, le général Montcalm, est aux aguets derrière les remparts de la citadelle de Québec pendant que la flotte anglaise, dirigée par le général Wolfe, jette l'ancre dans le Saint-Laurent. Les deux généraux sont des soldats d'expérience qui ont déjà démontré leur compétence militaire.

La tâche de Wolfe semble impossible à réaliser. La place forte de Québec, défendue par une armée de 16 000 hommes, est de plus protégée par des barrières naturelles constituées de cours d'eau et de falaises. Avec seulement 9000 soldats, le général anglais lance une attaque frontale sur la ville, mais est aussitôt repoussé.

Wolfe attend trois mois avant de procéder à une autre attaque d'importance. Le 13 septembre 1759, profitant de l'obscurité des heures précédant l'aube, le général aborde avec une troupe de 5000 hommes à l'Anse-au-Foulon, au pied des falaises à l'ouest de Québec. Les Anglais s'emparent d'un sentier qui mène au sommet des falaises, non loin de la forteresse française. Au petit matin, les soldats de Wolfe sont alignés sur les plaines d'Abraham devant les remparts de la ville.

Ce coup audacieux surprend les Français, déjà affaiblis par trois mois de siège. Montcalm décide d'attaquer sur-le-champ, dans l'espoir de repousser les Anglais en bas des falaises jusqu'au fleuve.

LES PLAINES D'ABRAHAM
QUÉBEC
13 septembre 1759

Wolfe attend calmement jusqu'à ce que les Français ne soient qu'à 12 mètres de distance avant de donner l'ordre de tirer à la première ligne de soldats. Blessé d'une balle au poignet, le général prend à peine le temps d'envelopper la blessure d'un mouchoir. Après 20 minutes de combat, les Français battent en retraite. Lancé à leur poursuite à la tête de l'aile droite de son armée, Wolfe reçoit deux balles dans la poitrine et meurt presque sur le coup. Son armée s'empare de Québec.

Montcalm, en protégeant l'arrière de ses troupes en retraite, est aussi atteint d'une balle pendant la bataille. Néanmoins, il remonte sur son cheval noir et réussit, avec l'aide de ses hommes, à se mettre en sécurité. En prenant connaissance de sa défaite sur son lit de mort, il envoie un message aux Anglais pour leur demander de faire preuve de clémence envers les Français blessés. Le général meurt le lendemain, et la Nouvelle-France passe sous la domination de la couronne britannique.

La bataille décisive

Après la mort de Montcalm et la reddition de Québec, Gaston de Lévy prend le commandement des troupes françaises de Nouvelle-France. Ce général remporte la victoire à Sainte-Foy en avril 1760 et oblige les Anglais à se retirer derrière les remparts de Québec. La situation est maintenant inversée: l'armée française assiège les Anglais retranchés dans la citadelle de Québec. La France et l'Angleterre envoient des flottes de navires pour prêter main forte à leurs soldats. Vers la mi-mai, l'attention générale dans ces deux pays est tournée vers la situation sur les bords du Saint-Laurent. La première flotte à atteindre Québec décidera de la victoire. Les marins anglais arrivent les premiers, après avoir capturé et brûlé six navires français dans le golfe Saint-Laurent.

Réponses du test des métiers de la Nouvelle-France, page 64 et 65.

1. Apothicaire	10. Charpentier	19. Drapier	28. Menuisier d'art
2. Armurier	11. Charron	20. Farinier	29. Meunier
3. Arpenteur	12. Chaudronnier	21. Fermier	30. Mouleur
4. Bedeau	13. Chirurgien	22. Huissier	31. Notaire
5. Boucher	14. Cordonnier	23. Juge	32. Sage-femme
6. Boulanger	15. Coutelier	24. Laboureur	33. Tailleur d'habits
7. Briquetier	16. Cuisinier	25. Maçon	34. Tisserand
8. Chapelier	17. Défricheur	26. Marchand	35. Tixier
9. Charbonnier	18. Domestique	27. Matelot	36. Tonnelier

Solution des mots croisés de la Nouvelle-France, page 83.

HORIZONTALEMENT
2. Cabot
7. Habitation
8. Stadaconé
9. Hochelaga
11. Talon
14. Seigneur
16. Dollard
17. Habitant
21. La Salle
22. Frontenac

VERTICALEMENT
1. Donnacona
2. Cartier
3. Hâte
4. Village
5. Marie
6. Louisbourg
10. Madeleine
12 La Tour
13. Astrolabe
15. Griffon
18. Brébeuf
19. Acadiens
20. Brûlé

Index